Graines de pensées

© 2025 Jean-Pierre Szymaniak
Édition : BoD · Books on Demand,
31 avenue Saint-Rémy, 57600 Forbach,
bod@bod.fr
Impression : Libri Plureos GmbH,
Friedensallee 273, 22763 Hamburg
(Allemagne)
ISBN : 978-2-3225-7474-2
Dépôt légal : Mars 2025

Jean-Pierre Szymaniak

Graines de pensées

« Il y a des étoiles qui se meurent et qui n'éclaireront plus jamais une partie de notre cœur. »

**En mémoire
d'Aurélie et de Louise-Marie,
lumières qui se sont éteintes trop tôt.**

Au fil des années, des mois et des jours,

Une vie est toujours chamboulée.

L'âme se remplit d'émotions,

Les pensées passent de l'ombre à la lumière,

Et cheminent de monts en merveilles.

Puis les mots prennent des couleurs,

Au fil des erreurs, des douleurs et des bonheurs.

Ainsi va la vie, dans toute sa beauté et complexité.

La fleur a pour seul vêtement sa beauté.

C'est dans l'immensité que nous offre la nature
que nous retrouvons notre entité.

La Nouvelle Année arrive par la seconde
qui efface la précédente.

La beauté d'un corps ne se dessine pas dans ces contours, mais dans la matière.

On repense au passé, on vit le présent, on songe à demain. C'est le canal de l'existence.

La sagesse est le frein à main de la précipitation.

Chacun de nous porte sa propre philosophie, celle de la vie qu'il mène.

La citation est un florilège de paroles qui ne fanera jamais.

L'essentiel de la vie, c'est de la vivre pleinement.

Si tel est ton désir, prends alors le chemin qui y mène.

Une feuille de papier se fait le porte-paroles de la pensée.

J'ai rompu avec la monotonie pour m'attacher à mon renouveau.

L'ironie du sort veut que je persiste dans l'erreur, prisonnier de ma propre certitude.

L'acte raciste se joue dans le théâtre d'une communauté cruelle.

Le partage, c'est un plaisir et un plaisir s'offre.

Si faire le tour de la question n'apporte pas la réponse, il faut rentrer dans le cœur de l'interrogation.

Là où est ta force, se trouve ton essentiel.

Le chrysanthème est le fleuron de la beauté automnale du jardin des vivants et des morts.

*Une maladie n'appelle pas son entourage
à faire entendre qu'il en pâtit plus
que celui qui en souffre.*

*Qui peut s'engager dans une relation
qui n'est pas ouverte à la circulation ?*

*Il y a des jours où l'on peine à s'écouter,
à se parler ; à se comprendre.*

*L'adolescence cohabite avec l'insouciance ;
la jeunesse avec l'épanouissement et la vieillesse
avec le bon vouloir de son corps.*

*On aide, pas pour se faire aimer
mais pour se sourire.*

*Le poète navigue sur les flots débordants
de son esprit.*

La vie est une échelle où l'on gravit les montants un par un, y compris ceux qui sont de travers.

La mémoire est le puits de l'encyclopédie de son existence.

La souffrance n'a qu'un seul prix à payer, celui de supporter son poids.

*L'existence doit être comme une note de
musique que l'on doit tenir, haute en couleurs.*

*Le bonheur voyage sur les vagues de la passion ;
dans leurs creux, quand les cœurs chavirent.*

*Dépasser ses limites quand on les connaît,
c'est aller à l'aventure sans boussole, ni sac à dos.*

Les gens s'ignorent sans le vouloir, machinalement ; jusqu'au jour où ils s'ignoreront eux-mêmes.

Une création est le fruit de l'imagination qui a mûri sous le soleil de la pensée.

Le mensonge commence là où s'arrête la cachotterie. Pas sûr quand on sait que le silence est d'or.

À force de se diviser, la politique ne sait plus où se trouve le juste milieu, entre la gauche et la droite.

Un bouquet dégage, en l'offrant, un plaisir non dissimulé des fleurs, celui de leur beauté.

Le besoin de se faire aimer peut mener à l'échec et au rejet.

*L'ingratitude est à ses limites
quand elle dépasse les bornes de l'indécence.*

*Se transcender, c'est se surpasser pour accepter
l'inacceptable.*

*Le calme apaise une agitation, mais ne
la désamorce pas.*

On ne refait pas le monde mais on peu améliorer son ordinaire.

Quel cruel destin quand il faut subir une existence au lieu de la vivre !

Chacun peut être ce qu'il veut, mais il ne doit pas empêcher autrui de faire ce qu'il pense.

*La nostalgie est une vague de souvenirs
qui ondule dans l'esprit jusqu'à ce qu'elle s'échoue
et s'évapore dans le sable d'une plage de la mémoire*

*.La résilience, source où l'on puise beaucoup
mais non sans tarir le puits.*

Une belle personne dégage la fraîcheur de la grâce.

*Un séisme sentimental fend le cœur
en long et en large, laissant une croix, celle d'une
déception à porter le temps de la cicatrisation.*

*L'absence est légère quand elle est passagère
définitive, elle pèse.*

*Une œuvre se conçoit avec la tête et voit
le jour avec les mains.*

Les couleurs flamboyantes des fleurs attirent comme un aimant les regards vers ces beautés naturelles, les abeilles et les papillons ne démentiront pas.

La politesse est la marque de respect qui considère autrui avec bienveillance et considération.

L'état d'esprit du moment génère l'humeur de l'instant.

*Même si le cerveau ne laisse rien apparaître;
arrivera un jour où c'est le corps qui craquera
et qui parlera.*

*Le moral est l'essence du moteur
des forces mentales.*

*Un zèbre sans rayures, c'est comme une mer
sans eau, une forêt sans arbres, une vie sans âme.*

Une pensée qui s'est fait entendre est une pensée dont on reparle longtemps après qu'elle s'est révélée.

Les braises d'un amour se consument sereinement dans un partage sans faille.

Pour avancer, il faut mettre le bon pied devant et pas n'importe où et n'importe comment.

*La vie est une escalade que l'on gravit
en passant par des prises faciles,
certaines que l'on peine à tenir, d'autres que
l'on lâche et certaines qui sont inaccessibles.*

*À quoi bon s'entêter à s'imposer quand
les dés sont jetés.*

*Une roseraie est une galerie d'œuvres d'art où
les roses exposent leur beauté.*

*Il faut savoir s'arrêter quand on rame
depuis un bon moment et que l'on est au pied
de la falaise à remuer les galets.*

*On ouvre les yeux à la naissance; plus tard,
on découvre en regardant et puis arrive
un moment où l'on marche les yeux fermés.*

*Un destin peut avoir une destinée
qu'il n'a pas prévu.*

*Le bonheur arrive par un nuage
de trouble et s'installe dans un ciel d'enivrement.*

*L'automne nous embellit les yeux d'un dégradé
de couleurs qui reflète l'âme de la saison.*

*Je me lève à l'aube avec le soleil et me couche
avec son crépuscule; reste la nuit qui éclaire
mon sommeil.*

*Quoi de plus beau que le naturel,
sinon que de le préserver et de l'entretenir.*

*La maltraitance animale est une incivilité
monstrueuse; elle porte atteinte à la dignité
de la vie par plaisir ou pure folie.*

*Il est plus facile de nommer le meilleur acteur
de l'année que le chef d'un nouveau
gouvernement.*

*Un enfant jaillit de l'amphore d'une mer
de tendresse et d'amour.*

*Qui veut attendre trop longtemps que les fruits
soient à maturité risque de récolter
un piètre résultat.*

*Ceux qui se guident qu'avec leur propre instinct,
ne veulent pas lever les yeux pour voir
ce qu'est exactement la réalité.*

L'amitié, la réelle, n'a pas d'équivalence,
c'est une pièce montée unique. Elle est celle qui,
quand on la vit, est la seule à connaître les
Réponses sans que les questions se posent.

La confiance se perd au fil du temps tant elle
est devenue aléatoire.

L'éblouissante fleur embellit les regards par le
charme et la grâce qu'elle dégage.

Les arbres sont des statues vivantes dans nos forêts. C'est un des patrimoines de Dame Nature, ces éléments ne doivent surtout pas terminer en chefs-d'œuvre en péril.

J'aime les fleurs et au vu de ce qu'elles m'offrent chaque année, il y a réciprocité.

L'imaginaire dans la mémoire ne prend pas beaucoup de place.

*Une rancœur est le ressenti d'un effet
qui fait chavirer le cœur.*

*Dans le bien réalisé, réside une volonté profonde
de donner du plaisir.*

*On sait ou on ne sait pas, il faut juste savoir
de quel côté on est.*

*Une compassion ne s'improvise pas,
elle doit être naturelle.*

*L'animosité est un champignon toxique
qui nourrit une personne d'un sentiment
malveillant contre une autre.*

On se remet de ses peines en sortant du trou.

Des pensées sont si perceptibles que seuls des simples regards arrivent à les capter.

En matière de séduction, quand on fait le gandin et que l'on prend un vent, c'est que la simplicité plaît davantage que le superflu.

Se surpasser, c'est demander à l'impossible de s'écarter afin de pouvoir passer.

Les pensées s'embellissent quand elles sont dépeintes avec un peu de poésie.

Une discussion devient tempétueuse quand des vents contraires font tourner en girouette les esprits.

La vraie connerie c'est celle qui fait rire à en pleurer de partout.

L'union ne fait plus la force lorsqu'elle s'évapore en désillusion, dans un brouillard dans lequel chacun cherche juste son chemin et se perd sans s'en apercevoir.

La terre doit être comme la mémoire, en permanence enrichie.

Hier, le propre de l'homme était de pouffer, aujourd'hui il est de se lamenter.

La politesse devrait être comme une fleur: la naissance par un bourgeon, puis une éclosion et la floraison mais qui ne devrait jamais disparaître.

On peut passer par le banc des vérités pour retrouver le chemin de la liberté.

À chaque journée, son labeur, sa joie, sa peine. À chaque soir, son ambiance avec lumière tamisée ou pas.

*Si beaucoup de personnes peinent à se trouver,
c'est faute de s'être cherché sans se regarder.*

*Le tilleul bourdonne quand les abeilles
butinent ses fleurs.*

*Quand une faiblesse s'installe,
la vulnérabilité s'ensuit.*

*Parfois, l'incandescence lue dans les yeux
de notre interlocuteur met en évidence
une pensée non révélée.*

*La larme s'assèche et finit par disparaître
alors que la pensée irrigue toujours son souvenir.*

*.Si tous les dirigeants de ce monde gardaient
leur calme olympien, la flamme de la paix
resterait à jamais allumée.*

*Des larmes sèches n'évoquent pas une émotion
aride de tristesse mais taries par le chagrin.*

*Un débordement d'amour découle
d'une inondation de tendres sentiments.*

*On récolte de l'ingratitude quand
on a trop semé de gentillesse.*

*Faire le bien est difficile quand on sait
tout le mal qu'il faut se donner pour y arriver.*

*Être fraternel, c'est prendre la main dirigée
vers vous, la serrer et ne plus la lâcher.*

On investit dans sa pensée pour la valoriser.

*Quand on se lance un défi, l'envie et la persévérance
sont les deux atouts qui le feront gagner.*

*La maîtrise du respect de l'homme
pour la nature s'échappe de ses mains.*

*Quand arrive prématurément la mort,
elle met fin à la vie avec un goût d'inachevé.*

Des courbes généreuses ont largement inspiré des artistes qui leur ont rendu hommage en les mettant en valeur sur des toiles.

Le cauchemar agite la nuit et perturbe la journée.

Le passé ressassé fait remonter en surface la nostalgie.

*La vie est une montée d'étages ; mais certains
paliers sont plus ou moins longs que d'autres.*

*L'espérance s'amenuise quand le pain
quotidien devient noir.*

*La première école pour un enfant,
où l'initiation aux valeurs de la vie prend
ses racines, n'est autre que la maison familiale.*

Chaque individu sort du moule où il a été façonné et s'ancre dans le personnage de sa vie.

Une promesse est comme un rendez-vous, ils se doivent d'être respectés.

Arrivé au pied du mur, soit on regarde en arrière et on y revient, soit on escalade.

*La barque de la tranquillité se laisse porter par
le calme des flots et glisser sur une mer de bien-être.*

*La vie n'attend de nous qu'une seule chose,
celle d'exister.*

*.Les belles fioritures donnent une belle apparence
mais pas forcément un bon fond.*

*L'abeille et la mouche n'ont pas les mêmes attirances au niveau des odeurs.
À chacun ses goûts, ses couleurs !*

*La fierté personnelle ne se montre pas,
elle honore juste celui qui en est porteur.*

*La reconnaissance est ce dont on a besoin
le labeur, pas de l'indifférence.*

La vie sans exister, c'est comme un tronc d'arbre sans branches; il manque l'essentiel.

L'humilité est une des devises de la dignité de l'être.

Pour faire jazzer, il faut que les paroles swinguent.

Ceux qui profitent de la faiblesse des gens exploitent leur naïveté.

Les fleurs, quelles que soient les occasions, sont porteuses de marques de sentiments.

La pauvreté a toujours été là où l'on n'a jamais voulu œuvrer pour ne plus la voir.

*La douance se découvre dans l'ordinaire
du commun des choses.*

*Faute de trouver chaussure à son pied,
on marche nu.*

*Si le corps est touché, la tête se doit de prendre
la barre en main pour ne pas perdre le cap.*

*User n'est pas abuser si on va qu'avec
le dos de la cuillère.*

*La Terre est un chaudron dans lequel des foyers
sensibles deviennent des brasiers lorsque
des étincelles attisent l'allumage.*

*Une passion intense fait ressortir des émotions
jusqu'à ce qu'elles débordent.*

La simplicité est un nuage discret qui navigue dans un ciel sans vagues.

C'est dans le havre de paix émanant du silence nocturne que l'inspiration génère et donne le jour aux pensées.

La honte fruste ceux qui la porte, à l'inverse de ceux qui la provoquent et en qui la gêne n'existe pas.

La fureur des éléments de la Terre procure pour certaines personnes un régal démesuré pour le plaisir de leurs yeux, mais pour une majorité un désastre en pleurant devant les catastrophes qu'elle provoque.

Un sportif est un représentant de son sport, il peut avoir des convictions personnelles et les diffuser, mais pas de haranguer et d'inciter à penser comme lui.

L'eau est dévastatrice quand elle est poussée
par des éléments que la nature ne maîtrise plus.

L'euphémisme ne passe pas inaperçu
même s'il est doux.

La pauvreté se fond dans la masse
alors que la richesse brille dans la démesure.

Nous avons plus ou moins le profil pour raconter des bêtises, celles qui font rire et celles qui font dresser les cheveux sur la tête.

On diligente ses envies au gré de son humeur.

Une fleur nous privilégie de sa beauté en échange d'un peu d'eau et beaucoup d'amour.

*S'il est vrai que les abeilles ont une reine,
il n'en est pas de même chez les fleurs
qui sont toutes des princesses.*

*Le phrasé a une certaine classe
quand l'écriture est élégante.*

*La cuisine est, comme l'amour,
une affaire de patience et de temps.*

Une personne sans morale est du même tonneau qu'un bricoleur sans outils.

Un pouvoir conquérant aurait tendance à passer au travers de portes fermées. Pressé d'arriver à ses fins, il néglige de les ouvrir comme il se doit.

La musique se mesure en notes, la pensée en mots.

Le sujet n'en vaut pas la chandelle quand il n'est pas accordé avec ce qu'il est censé dire.

Si certains regards pouvaient parler, ils en diraient long.

L'amour enivre au point de ne plus savoir où on en est, saoulé par le parfum des sentiments.

Donner les bons coups de pouces à la nature ne nécessite pas d'avoir la main verte.

Dans son silence, la nature nous fait écouter ses sons.

L'imprévisibilité de la vie doit nous faire comprendre que rien n'est acquis, encore moins gagné d'avance.

*La politique n'a pas le niveau de la médecine,
elle ne guérit pas les maux.*

*Une dose de tendresse ajoutée à une pincée
d'amour compose le breuvage de la passion.*

*Une rumeur est comme un incendie, il faut l'éteindre
tout de suite avant qu'elle se propage.*

L'émotion est le résultat d'une sensation additionnée à une réflexion.

L'amour, caché derrière l'amitié, ne verra pas toujours le jour si l'affection est intense.

Quand aucune gêne n'existe, aucune honte aussi.

L'obstacle qui se dresse devant soi n'est pas insurmontable tant qu'il y a des escaliers.

Un discours qui perdure est un voyage qui tourne au pèlerinage.

L'appât de l'argent déraisonne et rend fou.

Difficile de remettre le couvert quand on a plus faim.

La beauté n'est nature que lorsque sa pureté n'est pas faussée.

La confiance ne règne plus quand la trahison a renversé son pouvoir.

Un poète ne peint pas les mots, il les dessine.

L'égarement, fut-il passager, est une escapade de l'esprit.

La jalousie fait cracher la médiocrité.

Une ristourne offerte pour alléger un fardeau donne le même résultat qu'un cheveu que l'on enlève de la tête d'un chauve.

Nager entre deux eaux, c'est comme passer entre les gouttes, personne ne se mouille.

Entre audace et prudence, à la croisée des chemins, la voie du milieu est la plus sûre.

L'esquisse d'un sourire peut virer aux éclats de rire quand il devient fou.

Si la paix était immuable, le mot guerre n'existerait pas.

L'indifférence est indigne quand elle cache l'ingratitude.

*L'évacuation des émotions se fait par là
où le besoin s'en fait sentir.*

*Si la réalité n'est pas conforme à la vérité,
inutile de penser le contraire.*

*L'abandon d'un animal ouvre les portes de l'exil
et ferme celles du partage.*

L'homme a marqué de son empreinte le Monde au grand dam de la Nature, qui a encaissé jusque-là. Mais désormais, la donne a changé, c'est la Terre qui trinque en dégustant. Nul n'est épargné et la facture va peser un poids qui va être très difficile à évaluer. Le jeu n'en valait sûrement pas la chandelle.

Si la vie exige un combat pour la conserver, le baromètre du moral doit être bloqué au beau fixe ; la science pourra ainsi apporter son savoir sereinement pour vaincre.

La pauvreté ne se chiffre pas ; seul, le visuel fait la lumière sur le sinistre de l'indigence.

La dernière scène de la dramaturgie d'une vie devrait s'achever sur une émotion agréable, asséchant ainsi toute tristesse.

Un rabâcheur qui serine n'est pas pour s'écouter, mais pour essayer de se comprendre.

Ceux qui suggèrent les chemins à suivre devraient systématiquement les emprunter de long en large. L'assurance pour les intéressés qu'ils ne seront pas dirigés vers un rond-point sans sorties.

*La tranquillité berce la sérénité
dans un calme céleste.*

*Une vache à lait ne donne pas toujours
le liquide escompté.*

*Quelle façon versatile d'aimer pour enjoliver
la vitrine, et une fois le rideau baissé,
de tirer la gueule jusqu'à s'ignorer.*

*Les fondations de l'humanité se fissurent et laissent
filtrer tout ce qui va contribuer à son effondrement
si un colmatage d'urgence ne se fait pas.*

*Survoler les débats c'est aller directement à
l'arrivée sans passer par la case départ.*

L'homme veut exploiter tout ce qui est potentiellement exploitable. Il ne se contente plus de ce qu'il y a sous et sur terre. À présent, il pointe son regard vers les cieux ; on ne joue plus avec le feu, on se jette dedans.

Une fiche de paie se divise en trois parties : en premier lieu ce que l'on devrait toucher, puis une liste de prélèvements et pour finir, la première somme qui a perdu toute sa rondeur en l'espace de quelques lignes.

La vérité se trouve déteinte quand elle est mal dépeinte.

Mourir avec la douleur et dans la misère d'une guerre est la triste destinée qu'offre la soif de la belligérance.

Quand quelqu'un vous mange dans la main, c'est qu'il a faim.

Un échec peut faire boire la tasse mais ne peut faire couler, pour autant, son destin.

Une idée est comme une graine, elle germe, pousse, voit le jour, prend forme et fait son chemin.

L'ennui nous fait grignoter le pain de la monotonie.

Se sublimer est tout simplement se montrer à la hauteur.

Il ne faut pas trop tirer sur les pis d'une vache à lait, la bienveillance a ses limites.

Diriger, c'est anticiper. Anticiper, c'est prévoir. Prévoir, c'est savoir éviter.

On peut être grand par la taille ou dans l'âge mais aussi dans la démesure.

Mettre de l'eau dans son vin adoucit l'amertume.

Qui dit connaître ses limites n'est pas à l'abri d'un débordement imprévisible.

Prendre son parti, c'est adhérer à soi-même quand on ne fait pas l'unanimité.

Le charme habille et déshabille l'apparence.

Le charme habille l'apparence de son porteur, mais peut parfois le faire déshabiller.

La sérénité se délecte dans la souveraineté de la quiétude.

La misère est un fardeau éreintant, qui met à genoux, fait courber l'échine et ruine tout espoir de vivre décemment.

Il faut s'écouter pour s'entendre, voire se comprendre.

Le blé va devenir une denrée rare, notamment dans le porte-monnaie.

Un remaniement politique, c'est, en quelque sorte, modifier des ingrédients d'une recette qui ne fait pas l'unanimité.

Le mensonge se noie quand la vérité fait surface.

Il vaut mieux revenir à la réalité que sur le plancher des vaches qui n'est autre que leurs pâtures.

Certains jettent l'argent par les fenêtres parce qu'ils ont peur de se brûler les doigts avec, alors que d'autres n'ont pas d'autre solution que de se les user pour le gagner.

La jalousie détruit quand elle sévit à outrance.

Rendre service devient une obligation quand il se répète et une offense quand il se refuse.

Le ridicule ne tue que la banalité.

La différence est toujours le résultat d'une comparaison.

Pas étonnant de ne rien récolter quand on a semé du vent.

Le souhait est l'antichambre d'un désir.

Un cœur chaud comme une braise peut s'embraser et devenir incontrôlable.

Un regard révélateur partagé est un billet pour un long voyage d'amour.

On peut tout gober quand les mots sont mâchés.

La condescendance ne se nourrit pas de respect, mais le pourrit.

Nul ne peut exclure la possibilité d'aller plus loin.

La pensée se valorise en y accordant du temps et se bonifie après mûres réflexions.

L'information tourne en boucle puis enclenche le questionnement à son sujet.

Le reproche quand il est systématique devient méprisant.

Un soupçon de méfiance fait défaillir la confiance.

La fraternité est une valse à deux temps où la solidarité et l'amitié assurent le tempo.

On prête l'oreille à qui sait se faire entendre.

La note est à la musique ce que le mot est à la parole.

Une erreur de jeunesse marque au fer rouge les cœurs touchés et blessés à tout jamais quand le pardon est rejeté.

Le venin craché par une langue de vipère éclabousse, mais ne tâche pas.

Une pathologie sévère génère une remise en question du présent et du futur.

Le talent s'affine comme une pièce d'orfèvrerie, facette par facette, jusqu'à ce qu'il fasse briller de tous ses éclats son art.

L'ignorance n'est pas une tare en elle-même, il suffit de remplir le contenant.

La bonté prend naissance dans un cœur de Raison

Se pencher un peu trop sur un problème peut entraîner un déséquilibre.

Le vécu est une des sources intarissables de l'inspiration.

Brouter le gazon, c'est, en quelque sorte, être au ras des pâquerettes.

Quand un intérêt n'est plus porté, c'est l'indifférence qui fait l'effet.

Chaque nouveau conflit atteint un niveau d'escalade qui dépasse le précédent, mais qui ne s'est jamais soldé par une trêve définitive : la paix.

L'indifférence bafoue l'honnêteté.

La vie d'autrui n'intéresse plus personne, seul compte ce qui se passe autour de soi.

Le metteur en scène de notre vie n'est autre que le destin, avec la particularité de ne pas en connaître le scénario.

L'ego est une photographie qui se regarde recto et verso.

L'empreinte de la Paix sur la Terre aurait comme premier effet celui de vivre serein.

L'accès à un cœur se décline par les yeux qui dégainent un regard ne trompant pas sur le chemin à prendre.

L'argent ne fait peut-être pas le bonheur, mais il fait la différence, il ne mettra jamais à égalité ceux qui en ont et ceux qui n'en ont pas.

Le marin et le poète voyagent de la même façon ; ni l'un, ni l'autre ne le font les pieds sur terre.

L'utilité de l'homme arrange quand il est bon à tout ; sa présence dérange quand il devient bon à rien.

Le chrysanthème est la fleur qui éclaire de ses couleurs éphémères les jours de court terme.

Le maintien à flot d'une barque qui prend l'eau se fait que si personne n'est de trop à l'intérieur.

Se tracer une ligne de conduite en se mettant des œillères est une chose, mais oublier de négocier les virages en est une autre.

L'urgence plie sous le poids de la demande.

L'influence n'a d'yeux que pour ceux qui la regardent.

Le sourire étale la blancheur des paroles ;
le rictus la noirceur des pensées.

Un choix de son entourage serait le traitement
préventif naturel contre d'éventuelles déceptions.

Une larme, qu'elle coule pour une joie ou pour
une peine, est une émotion qui s'échappe.

Le cœur de l'intelligence, c'est le cœur de la vie.

Une rémission est un répit accordé par notre corps, une sorte de contrat à durée déterminée, d'une accalmie à la fin duquel le permis de revivre sans rémittence renaît.

L'indifférence rend sourd, parfois aveugle.

Les émotions de la vie sont celles qui la font vibrer.

La concentration est la danse qui ouvre le bal de l'inspiration.

Pour ne pas tourner en rond, il faut éviter de rester dans son coin à attendre que cela tombe directement dans l'assiette.

Le frisson de la peau est à l'image de celui de l'eau, il fait bouillonner les émotions.

La largesse d'esprit ne doit pas se perdre dans un élan de bonté. Ce serait ouvrir les portes à des vents de sens contraire.

Le vécu est l'accumulation de ce que l'on a vu, entendu, retenu et ressenti. Et ce n'est pas tout, la suite reste à venir.

Parfois, le silence de la sagesse met en sourdine les décibels d'une réaction vive.

Être une belle personne ne s'invente pas et ne s'improvise pas.

Le fait de trouver son équilibre parmi ce que nous offre la nature, est un excellent remède pour tenir debout

S'isoler mentalement, c'est pour se réinitialiser, penser, créer, se projeter.

La pandémie a broyé cette valeur qu'est la convivialité.

Une étoile qui scintille est signe d'une vie.
Une étoile qui s'éteint est signe de fin d'un destin.

Une larme, qu'elle coule pour une joie ou pour une peine, est un signe extérieur émotionnel.

Les éléments d'une vie ne s'assemblent pas aussi facilement que les pièces d'un puzzle.

L'aube ouvre les volets de la journée ; le crépuscule, de la nuit.

Un bouleversement passe presque inaperçu tant qu'il n'affecte pas la petite routine de l'atmosphère singulière.

L'indépendance est un ciment qui ne se casse pas à coups de paroles.

Le regard a un malin plaisir à se poser sur le bien fondé.

Le moyen est le premier outil de travail pour réussir, aussi faudrait-il le donner sans être contraint à le quémander.

Bien souvent, une personne est plus appréciée ou décriée après son départ que lors de son vivant.

Le souvenir, bon ou mauvais, fait partie d'une pellicule de clichés de la vie ineffaçable.

L'originalité prend sa naissance là où la banalité se perd dans la normalité.

Dans le feu d'actions incontrôlées, on passe par les vitrines alors que les portes d'entrée sont ouvertes.

Parfois, la pauvreté se trouve dans notre corps, et la richesse dans notre tête.

Un bouleversement doit déclencher une réaction à la mesure de l'intérêt ou de l'indifférence qu'il suscite.

Une grande inspiration stimule la concentration qui elle-même va mettre en verve l'improvisation.

La compétence est efficace et porte tous ses fruits lorsqu'elle est mûre.

La vie est comme une pièce de théâtre, tant que le rideau n'est pas baissé, sa représentation est en cours.

Une fausse compassion laisse apparaître une pitié déplacée.

Le charme est un enjôleur qui fait lâcher du lest, jusqu'à faire tomber.

*Le respect doit être un rayon de soleil
qui ne se couche jamais.*

*L'humour est comme l'amour ; au final,
il y a toujours du plaisir.*

*La pauvreté impose son régime alimentaire,
celui de la maigreur.*

*La mort est un endormissement où
l'éveil ne voit pas le jour.*

*La civilité doit être le premier chapitre de la
charte du respect et du savoir vivre à inculquer
aux enfants et si nécessaire aux parents.*

L'utilité suscite le besoin, l'inutile l'indifférence.

Le chamboulement du climat est tel, qu'il n'est pas exclu de penser qu'un jour deux montagnes puissent se rencontrer.

L'improvisation est le fruit de l'imagination qui mûrit en live.

L'évidence met la réalité au pied du mur.

Les savoir-faire et savoir-vivre se reçoivent via des acquis, des valeurs. Ni l'un, ni l'autre sont innés, seules la transmission et l'éducation sont les maîtres d'œuvre.

*Le regret allume une pensée,
mais n'éteint pas son passé.*

Le calme est le seul refuge où la sérénité peut s'installer.

*Le savoir-faire s'acquiert par l'expérience,
le savoir-vivre par l'éducation.*

*La sévérité de la punition doit être à la hauteur
de la gravité de la violence.*

*L'optimisme tendrait à rendre les choses plus
faciles, encore faut-il qu'elles s'y prêtent.*

L'opinion publique s'alimente au fil de l'actualité et nourrit les on dits.

Celui qui dit prendre acte signifie qu'il a bien entendu.

L'illusion génère une sensation éphémère, celle d'un semblant.

*Le climat bouscule et chahute les saisons.
Leurs théories deviennent aléatoires. Le processus
de ce dérèglement climatique est en route depuis
de nombreuses décennies et ses conséquences
sèment la zizanie sur Terre en déchaînant
les éléments qui deviennent pour certains ingérables
. La violence de phénomènes imprévisibles cause un
désastre pour la Nature et les êtres humains,
rendant notre Terre vulnérable et impuissante.*

Celui qui a tendance à lâcher vite la corde quand elle commence à se faire lisse est peu pugnace.

Quand des branches de l'arbre se cassent soudainement, c'est que le tronc ne les supporte plus.

Quand on ne maîtrise plus sa monture, on lâche les rênes et on met pied à terre.

On continue de bouleverser les milieux naturels. De nombreuses espèces animales se sont éteintes ou sont en voie de disparition. Il est plus que temps que les Décideurs de ce Monde entendent les cris de détresse émis par la nature.

La conscience nous dicte notre conduite, au gré de l'esprit.

La critique casse quand elle égratigne, fracasse quand elle éreinte.

La confiance se perd plus vite qu'elle ne se gagne, il ne suffit d'un rien pour que son feu ardent vire en fumée opaque.

Dans la ville, la loi de la jungle sévit sans scrupules.

Quand le corps décide à la place de la tête, force est de constater et d'admettre.

Un anniversaire doit se souhaiter avec de la sincérité, un présent de valeur.

Le politicien a tendance à s'entendre parler, car il se plaît davantage dans le rôle d'un beau parleur que d'un orateur convaincu.

Une union crée une force quand elle est solidaire et à toutes épreuves.

Avant de respecter les morts, veillons à le faire lorsqu'ils sont vivants. On alloue du crédit à une personne quand on lui accorde un intérêt de confiance.

Dans un théâtre d'opération extérieure, on vend ce qui peut provoquer la mort à défaut de prôner ce qui peut l'éviter.

Une bonne mémoire est une matière fertile sans cesse au labeur.

La Terre nous montre qu'elle est en colère par tous ses éléments qui se déchaînent ; trop chahutée par l'homme, elle lui rend la monnaie de sa pièce.

Accueillir en grande pompe fait reluire le temps d'une visite la façade d'un pays, mais n'enlève pas ses fissures.

Le calme est apaisant, le silence reposant.

L'amour et l'humour sont deux sources de joies, rires et pleurs. Surfer entre les vagues de problèmes lorsqu'on a la tête sous l'eau, c'est comme nager dans une mer de sable, plus on veut avancer, plus on s'enfonce.

Certaines lignes à ne pas franchir sont devenues virtuellement imaginaires.

L'œil d'un photographe est un détecteur d'images, son appareil un capteur.

La réalité surpasse désormais le surnaturel sur Terre et sous les cieux. Nos ancêtres les gaulois avaient raison, le ciel ne tient plus qu'à un fil.

Le temps qui se figerait nous ouvrirait la porte de l'éternité.

Par dépit, on prend le réconfort là où il ne se trouve, pas forcément là où l'on espérait.

*On œuvre quand la tête travaille
et les mains parlent.*

*Un talent reste inexploité tant qu'il est inavoué ou
insoupçonné.*

*Les bruits de la nature se font entendre
dans son silence.*

Arrive un moment où il faut retirer les carcans dont on est affublé pour vivre sainement et sereinement sa vie.

La bonté et la serviabilité ont des limites, en profiter sans vergogne est l'œuvre de charognes.

La notoriété illumine, mais n'éclaire pas forcément.

On crache sur le papier le venin de ses pensées.

Ne pas respecter les autres est avant tout ne pas se respecter soi-même.

Quand on sort du quotidien, on s'extirpe du cadre de la normalité façonnée par le système.

La passivité est une forme d'impuissance passée sous silence.

La liberté est déconditionnée de son contexte lorsqu'on bafoue son respect.

Ce qui est, n'est pas toujours ce qui devrait être ou pourrait être.

Rentrer dans une jungle est comme dans un labyrinthe, on sait quand on y entre. pas quand on y ressort.

La détermination et l'énergie sont les deux composants de l'efficacité.

Des hommes veulent marquer leur passage sur terre, mais se plantent en se trompant de chemin, ne laissant aucun souvenir mémorable.

Se trouver seul dans une mer, en essayant de ne pas trop avaler de tasses quand des vagues sont hautes, est une épreuve difficile imposée par le destin.

On se libère d'une étreinte qui étouffe en coupant le nœud de l'attache.

La tendresse d'un sentiment est fécondée par la douceur du cœur.

On chante, danse, rit sans se soucier que tout près, la souffrance fait des ravages en silence.

Un nouveau départ, c'est un recommencement après une fin inachevée.

Œuvrer dans le silence, sans faire de vagues, c'est édifier sans faire de bruit.

La nature est un refuge où l'on trouve la tranquillité nécessaire à l'équilibre existentiel de l'être humain.

Les climats tempérés n'existent plus, ils sont devenus sous tensions extrêmes.

Se libérer, c'est ouvrir une porte pour l'évasion.

La générosité se trouve dans la misère et se perd dans la richesse.

La violence fait rage quand la sagesse ne fait plus face.

La pauvreté est l'antichambre de l'indigence ; la richesse, celle de l'indécence.

*Une crise politique est comme un mal de dent,
il faut soigner la carie avant qu'il n'y ait infection.*

*Instaurer sans voter, c'est faire le
ménage sans balai.*

*S'en aller dans la fleur de l'âge est un court
circuit de la vie.*

Les coups donnés par-derrière sont plus difficiles à encaisser que ceux reçus en pleine face.

Les rêves émergent du sommeil quand il est étreint par son paradoxe.

Quand on est mal vu, ce n'est plus du même œil que l'on vous regarde.

Quand on s'étale, on se relève et on fait en sorte de ne plus se ramasser une gamelle.

Qui se plante à répétitions, a peu de chances de prospérer.

S'asseoir sur les sièges de la démocratie, c'est passer au travers.

L'inflation aidant, le seuil de pauvreté commence, désormais, sur le pas-de-porte du peuple.

Quand on est plus à la page, mieux vaut fermer le livre et en ouvrir un autre.

Le partage ne doit pas être un prêt, on donne pour donner, pas pour reprendre.

La source de la méchanceté, quand elle découle d'une injustice personnelle, ne se tarira pas tant qu'elle sera alimentée par des coupables pécheurs.

Fondre dans la banalité, c'est s'ancrer dans le décor.

Les écrits sont des exutoires pour les pensées non dites.

Être soi-même c'est s'obéir.

Un atout se doit d'être majeur s'il veut faire valoir la réussite.

On sort d'une impasse, non pas en marche arrière, mais en la surmontant.

Quand on s'attache, c'est l'amour qui s'amarre.

Si l'homme pouvait rendre tout ce qu'il a pris à la nature, il effacerait sa plus grosse dette.

L'esquisse du soupçon fait apparaître le dessin du doute.

La nostalgie ravigote les souvenirs.

L'injure fuse quand la colère est diffuse.

Il faut que la tête soit humble pour que le corps suive. Si incompréhension il y a,
méprise il y aura.

L'amour est une connexion illimitée.

Absorbé par le cœur, l'amour ne s'y trompe pas.

Il est forcé de croire que ceux qui nourrissent le feu des conflits savent qu'ils causent des dommages collatéraux et bafouent les principes de la paix.

La vanité qui bafoue l'orgueilleux, c'est la souris qui fait fuir le chat.

L'autosuffisance sera la grande problématique de demain.

Envoûté par l'argent, c'est être emmuré dans les fondations de la richesse et de son pouvoir.

Le respect ne s'oblige pas, il se doit.

Une prise de position se prend quand on a le sujet bien en mains.

Un silence devient hypocrite quand il est parlant.

La reconnaissance pour un savoir-faire,
c'est le faire perdurer.

La confiance tourne en déconfiture
quand elle est trahie.

Le cœur réagit parfois comme un orage,
il en sort des éclairs.

L'humeur trahit l'émotion du jour.

Une source d'inspiration est intarissable même si elle est alimentée par des eaux troubles.

L'indifférence et l'absence sont des dommages collatéraux de la vanité.

L'abandon ne fait jamais gagner.

L'écoute du silence nous fait parfois découvrir des sons insoupçonnables.

Le rouge est regorgeant de passion, mais peut être débordant de colère.

Mauvaise nuit, humeur du matin chagrine.

La motivation stimule l'envie, mais encore faut-il avoir envie d'être motivé.

L'immensité et la beauté de la nature n'ont d'yeux que pour ceux qui savent la regarder et l'aimer.

*S'écarter de sa ligne de conduite,
c'est aller droit dans le mur.*

*La bienveillance est toujours bien perçue
mais se solde, en général, avec de l'ingratitude.*

*La soupe à la grimace est désormais
devenue populaire.*

On ne rentre pas dans l'Histoire sans en écrire une.

Il arrive qu'on craque au moment où on veut faire croire le contraire à ceux qui attendaient cela.

Panser une pensée, c'est la cacher.

L'affaire est dans le sac quand elle est bien pliée.

*Quand la greffe ne prend pas,
à quoi sert de s'acharner.*

L'homme a tant instruit les machines qu'il est tenu, aujourd'hui, de suivre ses instructions.

*Un cadeau ne s'apprécie pas à sa juste valeur,
mais à la portée du cœur de celui qui vous l'offre.*

*Une lacune ne constitue pas un handicap,
c'est un manque à combler.*

*Une vie s'éveille au premier cri et s'éteint
au dernier râle.*

Le dialogue de la paix ne peut s'ouvrir que si l'on est prêt à s'écouter, puis à s'entendre.

Besogne bâclée, travail rechigné.

Une vie passe de la lumière à l'obscurité comme une fleur de l'éclosion à la fanaison.

L'orgueil est un fruit véreux à ne pas mettre dans son saladier.

On peut couper les ponts mais pas les piliers ; un arbre étêté a toujours ses racines.

On regarde la vie différemment quand la mort vous a fait un clin d'œil.

Il n'y a que ceux qui ont du pif, qui peuvent voir un peu plus loin

Il faut s'aimer vivant car après, on pourrait regretter de ne pas l'avoir fait.

.On ne comprend pas un livre en passant un chapitre.

Une terre en feu et en flammes doit être éteinte et non attisée.

La souffrance morale fait pleurer ; la souffrance physique crier.

La magnificence d'une fleur n'a d'égal qu'elle-même.

Si vague est la question, approximative sera la réponse.

La bravoure, c'est beaucoup de courage avec un zeste de témérité.

Hier, on réquisitionnait le blé des paysans; aujourd'hui, on le prélève avant qu'il soit levé.

*Quand les abeilles ne butineront plus,
la planète sera en grand danger.*

*La nature nous donne des éléments pour vivre ;
continuer de la saboter serait nous mettre en péril.*

L'ombre du doute assombrit la pensée.

Une remise en question remet les compteurs à zéro.

Les savoir-faire d'antan se perdent au fil des nouvelles générations.

Un coup d'essai est un coup de maître quand il fait mouche d'emblée.

Pour se reconstruire, il faut avoir le bon ciment.

La mémoire est comme la terre, il faut la retourner et le travailler pour qu'elle soit fertile

L'argent est un grand voyageur.

L'hypocrisie est une foire où tous les faux-culs ont un stand.

En politique, on connaît l'envers du décor, le maquillage.

Les apparences ne font voir que le superficiel.

On n'est plus dans le cœur de la démocratie quand il n'est plus irrigué par le sang de l'unanimité.

Une glace ne reflète pas toujours l'image qu'elle doit donner.

On ne revendique pas la pauvreté, on la subit.

La paix n'a jamais pu recevoir et conserver le respect qui lui est dû. Des conflits perdurent depuis des lustres et de nouveaux voient le jour continuellement. La Terre est sous les feux et les flammes, et le sera jusqu'à son extinction.

La tolérance doit avoir la même limite que l'acceptable.

Mentir pour ne pas blesser. Où est le mal ?

La raison du plus fort est rarement la plus juste.

*La maltraitance animale commence là
où s'arrête le respect.*

*On distille les mots de façon à en libérer
un nectar de poésie.*

Au lever du jour, les vocalises printanières des oiseaux enchantent notre réveil.

Un doute peut déstabiliser la confiance, voire ébranler.

Gracieuse est la beauté; élégant est le charme.

La mémoire est aussi florissante qu'un jardin.

Écrire dans la pénombre de la nuit permet d'y voir plus clair dans les pensées.

Le printemps ouvre la porte des colorations de la nature.

La paix serait visible si on sortait des sentiers battus.

On tient la place que l'on veut bien nous allouer dans la société.

Un privilège serait à bannir s'il ferai t apparaître des inégalités en contrepartie.

*L'animosité ne fait pas bon ménage avec
la sympathie.*

*Entre pauvreté et richesse, rareté et abondance
font la part des choses.*

*Le respect doit être un trait d'union
entre l'un et l'autre.*

L'homme se bonifie quand il s'assagit au fil du temps au même titre qu' une fleur s'embellit quand on la met en valeur.

Prendre parti, c'est adhérer.

Les mots utilisés pour défendre les nobles causes ne seront jamais assez grands.

Le profit tiré d'une personne vulnérable
ne rapportera à l'escroc que du mépris.

On a le blues quand les espoirs s'envolent et que
les peines nous plongent dans la tristesse.

L'honnêteté passe par la transparence.

Le perturbateur est un semeur de turbulences.

On ne perd pas la mémoire, on l'égare.

Chaque individu sort du moule où il a été conçu et s'ancre dans le personnage de sa vie.

Organiser son ultime voyage, c'est réserver une place pour chacune de ses dernières volontés.

Parfois, il faut prendre son courage à deux mains pour s'accepter tel qu'on est.

Une peine est aussi immense que l'amour qui en est la cause.

L'amour est le coffre-fort des sentiments du cœur.

La liberté d'être devient conditionnelle quand on est plus maître de son existence.

L'amour demande une énergie à renouveler sans cesse pour éviter tout délestage.

Le végétal est une source indéniable du bien-être.

Aussi spectaculaire qu'éphémère, le givre fige le temps et la nature.

La valeur que l'on alloue aux mots enrichit le sens des phrases.

Il faut nourrir la paix et arrêter d'alimenter la guerre.

Une passion est une raison d'être.

La pauvreté se cache dans l'humilité de la misère.

La vertu est sainte quand personne n'y touche.

La solitude s'efface dans le sommeil.

On connaît ses limites quand on sait de quoi on est capable.

Le salut aura toujours le respect de ceux qui l'ont trouvé.

Une punition infligée par la vie laisse une marque indélébile même si elle est levée.

L'entente articulée à la complicité peut durer toute une vie.

L'imagination nous mène dans des contrées si lointaines qu'il est parfois difficile de désarticuler le rêve de la réalité quand on reprend ses esprits.

Quand on est pris entre deux feux, il vaut mieux aller vers celui où on a plus de chances de s'en sortir.

Si on partage sa douleur à tort et à travers, on risque d'être mal accompagné au risque de l'aggraver.

On est fou d'amour quand le bonheur
nous déraisonne.

On peut être imperturbable face aux critiques
et aux flatteries. On est mauvais ou bon, qu'importe
que ça casse où ça passe, l'important est
d'être soi-même.

On ravive des souvenirs enfouis pour rallumer
les feux du passé et peut-être des regrets.

L'amour n'a pas de genre.

Une fleur ne porte pour seul vêtement que sa beauté.

Citations et illustrations de l'auteur.
© *Jean-Pierre Szymaniak ~ 2025*